44

529.

DISCOURS

POUR L'ANNIVERSAIRE

DE LA FÊTE DU COURONNEMENT

DE L'EMPEREUR

ET DE LA BATAILLE D'AUSTERLITZ,

PRONONCÉ

Dans la Basilique métropolitaine de Paris, le 2 décembre 1810,

PAR M. L'ABBÉ COTTRET,

Docteur et Professeur-Adjoint de la Faculté de Théologie de Paris,
Chanoine honoraire de Nancy.

PARIS,

DE L'IMPRIMERIE DE PILLET, RUE CHRISTINE, N° 5.

1810.

DISCOURS

POUR L'ANNIVERSAIRE

DE LA FÊTE DU COURONNEMENT

DE L'EMPEREUR

ET DE LA BATAILLE D'AUSTERLITZ.

Dicent inter gentes : Magnificavit Dominus facere cum eis.

On dira parmi les Nations : Le Seigneur a fait parmi eux de grandes choses.   Ps. 25, 2.

Monseigneur, (1)

Dieu accorde aux Nations qu'il soutient de son bras puissant, ces triomphes et cette gloire dont l'éclat est admiré par les autres peuples, dont le souvenir est consacré par des solennités saintes, par des monumens durables. Le monde est rempli de la renommée du peuple français ; tout retentit du bruit des victoires, des succès merveilleux,

(1) S. Em. le cardinal Maury qui officiait pontificalement.

de la puissance que l'Eternel a donnés à notre Monarque : je ne sais quel enchaînement d'événemens extraordinaires force les uns à l'admiration, les autres au silence, et transmet de bouche en bouche, parmi ceux qui savent reconnoître le pouvoir de Dieu dans les merveilles de ses créatures, ces paroles remarquables : « Dieu a fait parmi eux » de grandes choses. »

Et quelles sont donc ces merveilles, Chrétiens qui m'entendez ? Est-il nécessaire de les rappeler à votre souvenir ? Est-il facile de vous en retracer le tableau ? Mon récit pourroit-il ajouter à la gloire de tant de triomphes ? Mes éloges peuvent-ils atteindre à la hauteur où la Providence a placé le Monarque, le Vainqueur que nous fêtons aujourd'hui ? Car il est celui que la Religion a consacré pour être Chef du peuple que Dieu comble de gloire ; il est aussi celui que la victoire a signalé comme étant le premier dans les combats, aussi bien que parmi les magistrats et parmi les princes. Que dirois-je d'ailleurs qui n'ait point déjà été annoncé avec succès dans cette enceinte auguste, au milieu d'une assemblée accoutumée à entendre le récit pompeux et solennel de ces événemens qui occuperont les générations, parmi tant de guerriers qui ont exécuté ce que je ne pourrois que dire, parmi tant de personnages constitués en dignités, auxquels il est donné de voir et d'entendre le Monarque dont je ne puis que raconter les exploits; en présence sur-tout de ces illustres pontifes de l'Eglise, de ces princes du sacerdoce, au milieu desquels nous voyons présider ce prélat illustre, qui après avoir fourni dans le monde politique et littéraire une carrière aussi glorieuse, se destine à donner sur l'un des premiers siéges du monde chrétien, l'exemple de ces vertus pastorales que réclamoit sa patrie, et qui sont le plus noble délassement réservé à celui qui en défendant le trône et l'autel, s'étoit élevé jusqu'à l'héroïsme.

Déjà les plus beaux talens ont rivalisé ensemble pour s'emparer de cette gloire, de toute cette grandeur, pour célébrer nos victoires et notre prospérité, en unissant au récit de ces événemens qu'on pourroit appeler miraculeux, le nom du Monarque qui caractérise tout ce qui tient à l'époque présente.

La Religion, cependant, peut nous offrir des pompes et des pensées plus sublimes encore. C'est elle qui, au milieu de cet éclat qui n'éblouit et n'étonne jamais plus, que lorsqu'il s'élève, pour ainsi dire, jusqu'aux cieux; c'est elle qui nous montre l'Eternel, premier principe de force, de gloire, de bonheur, dispensant du haut de son trône la puissance et les couronnes; prodiguant les grandeurs de la terre à une nation qui sait les obtenir ; portant la renommée du peuple français jusqu'aux extrémités du monde ; ordonnant aux nations les plus éloignées de respecter, d'admirer, de craindre celui qui exécute tant de prodiges ; ouvrant à nos regards étonnés le livre des destins, et nous montrant, avec les souvenirs du passé, tous les présages et tous les garans de l'avenir. Quelles pensées, quelles réflexions ne fait pas naître ce rapprochement d'un Dieu qui commande à nos destinées, et des hommes qui exécutent ses desseins ; d'une Religion qui explique tout ce qui nous étonne, et des institutions humaines que nous observons, sans en apprécier le principe et le but ! C'est donc la Religion que je dois interroger dans un de ses plus beaux temples, et à l'époque d'une de ses plus brillantes solennités, afin qu'elle nous enseigne à célébrer ce qui est grand et admirable, et à connoître ce qui est digne de nos méditations, de nos vœux et de nos hommages. Commençons ce Discours.

Dieu a permis que cette gloire qui est la compagne des grands exploits et des grands talens, que cette pompe qui environne et les succès et le pouvoir, fussent toujours assez sensibles, assez puissantes sur le cœur de l'homme, pour qu'il ne fût jamais exposé à les oublier ou à les envisager avec indifférence; tandis que les sublimes vérités que la Religion consacre, s'affoiblissent et s'effacent de nos ames. Que dis-je ? Souvent tout ce qui est de Dieu, s'oublie en raison même de l'impression faite par les choses de la terre, et c'est en ce sens qu'un de nos plus grands orateurs (1) n'a pas craint de dire que la prospérité étoit une tentation perpétuelle contre la foi. O foiblesse ! ô imperfection de l'homme ! C'est lorsque la Divinité se montre sur-tout par ses ouvrages, que nous sommes portés à oublier la Divinité; c'est lorsque l'Etre des Etres se réfléchit avec le plus d'éclat sur ceux qu'il a choisis pour ses ministres et ses représentans sur la terre, que nous ne nous occupons que de la ressemblance, sans songer au type divin sur lequel se tracent et toutes les grandeurs et toutes les puissances du monde ! La Religion, qui est l'appui de toute créature douée de réflexion et de lumière, supplée à notre foiblesse.

Elle élève l'homme, et l'hommage qu'il rend à la Divinité est toujours le gage des plus beaux sentimens et de la plus sublime exaltation de l'ame ; *Accedet homo ad cor al-*

____

(1) Massillon.

(8)

tum et exaltabitur Deus (1). Dieu, sans doute, nous semble plus grand, lorsque nous voyons les grandeurs de la terre prosternées au pied de son trône ; mais l'homme est réellement élevé au-dessus de lui-même, lorsqu'il s'oublie pour porter ses pensées jusques vers le Tout-Puissant ; et si nous avons pu applaudir à cette admiration d'un ancien qui félicitoit le maître de ses faux dieux de l'hommage d'un sage, nous, enfans du Christianisme, nous estimons, nous appelons grand et heureux celui qui s'honore lui-même en honorant la Divinité.

Ainsi, dans ce jour solennel où nous rappelons tant de choses admirables, ce ne sont pas seulement ces choses qui doivent honorer et notre Monarque et les illustres compagnons de ses exploits ; nous rappelons l'onction sainte qu'il a reçue des mains du Pontife du Seigneur ; mais ce ne sont pas seulement les attributs et le caractère du souverain pouvoir qui commandent notre respect et nos vœux, c'est l'hommage qu'il fait à l'Eternel de tout ce qui rend le Monarque imposant aux yeux des hommes ; c'est la pompe, ce sont les pensées de la Religion qui relèvent l'éclat de tant de dignité ; c'est parce que les grandeurs de la terre sont rapportées vers leur

______

(1) Ps. 36.

premier principe, que nous savons mieux les apprécier ; car nous les honorons davantage, lorsque nous connoissons mieux leur céleste origine. Sans doute, c'est une grande et auguste cérémonie que celle qui est, pour ainsi dire, toute remplie du souvenir des plus grands exploits, qui rappelle tant de batailles gagnées, tant de peuples soumis, des monarques devenus par la victoire nos amis et nos garans contre les malheurs de la guerre, et à la tête de tous ces grands évènemens, un Prince qui soumet tout à son génie et à sa fortune, que nul obstacle n'arrête, que nul danger n'épouvante, qui ne regarda jamais un exploit comme impossible, ni un succès comme étranger à sa destinée ; ce sont là de ces tableaux qui frappent les esprits, de ces événemens dont la mémoire se transmet aux générations ; mais lorsque les pompes de la Religion environnent toute cette gloire, elle acquiert un nouvel éclat plus solide et plus durable encore ; et les succès sont plus beaux, plus utiles, lorsqu'après les avoir obtenus nous pouvons nous écrier ; *Notus in Judœá Deus* (1). Fut-il jamais un peuple signalé par plus de triomphes ? Exista-t-il jamais un guerrier plus redoutable que celui qui a tant de fois fixé la victoire ? *Confregit scutum,*

______
(1) Ps. 75.

gladium et bellum (1). Mais pouvons-nous mieux honorer, et le Monarque, et le Guerrier et le Prince, qu'en invoquant avec lui toutes les magnificences de notre culte, qu'en célébrant ses victoires et l'inauguration de sa personne, avec tout l'appareil de la Religion, uni à l'appareil du pouvoir public ? Nos guerriers, comme des aigles rapides, ont parcouru les contrées les plus éloignées ; mais l'aigle essaie ses forces et montre son origine, en s'élevant au plus haut des airs, en contemplant l'astre du jour, image imparfaite de l'astre de justice, de cette splendeur de la gloire, de ce Dieu de toute lumière qui éclaire le monde. J'admire, et qui n'admireroit pas avec moi, tant d'actions glorieuses et éclatantes ! Là, c'est le dévouement le plus absolu, le plus généreux, qui fait naître des prodiges d'intrépidité ; ailleurs, ce sont les obstacles les plus étonnans que le génie, aidé de la valeur, surmonte avec un succès tout merveilleux ; partout, c'est une constance inébranlable, un courage à toute épreuve, le mépris des dangers et de la mort. Mais lorsqu'après tant de preuves de génie et de talens, le plus puissant des guerriers s'adresse, comme Salomon, à la Divinité elle-même, et lui dit avec le même sentiment : *Da mihi sedium tuarum*

(1) Ps. 75.

assistricem sapientiam (1); alors, tout ce qu'il accomplit de grand, d'utile, de sage, doit avoir Dieu lui-même pour garant, et les hommes ne peuvent plus redouter pour ses institutions cette instabilité qui est le partage des choses humaines.

Et c'est en cela, Chrétiens, que les idées sublimes et les principes consacrés par notre Religion sainte, doivent être chers à tous ceux qui sont les véritables amis du Prince et de la Patrie. Avant que le Christianisme eût appris aux hommes à se gouverner eux-mêmes, en les soumettant à une loi qui change les ames, le monde étoit livré aux plus funestes erreurs, en morale et en politique. Des peuplades peu nombreuses, et si injustement vantées, parloient de la liberté avec un enthousiasme féroce, et n'essayoient leur indépendance que par des excès et par l'oppression sous laquelle gémissoient d'innombrables esclaves; ou bien, des princes foibles, dénués de toute idée, de toute lumière sur la destinée, sur l'origine et la dignité de l'homme, fouloient aux pieds les droits sacrés de l'humanité, et ne savoient pas qu'il y a entre les princes et les sujets des liens plus forts que ceux de la force et de la contrainte. On ne voyoit que des opprimés ou des

(1) Sap. 9.

oppresseurs; point de ces sociétés humaines, qui forment aujourd'hui comme de véritables familles; point de ces Monarques vraiment puissans que la Religion, que les mœurs par conséquent et la civilisation enseignoient à tempérer l'éclat du souverain pouvoir, par les attributs de cette bonté paternelle qui appartient à la Divinité et à ceux qui sont ses images sur la terre. Le Christianisme, en améliorant le sort des hommes, semble avoir aggrandi les Monarques et élevé les peuples; il a établi des rapports sublimes entre le Ciel et la terre, entre les Maîtres qui règnent sur la terre et celui qui règne aux cieux; et de même que le Tout-Puissant remplit l'Univers de sa présence, de même le Prince remplit tout un Etat de la pensée de son pouvoir. En n'envisageant que pour nous les choses d'ici-bas, tout rapporte les esprits vers les idées de la force et de l'autorité du Monarque; en les envisageant selon leur origine et leur fin, tout nous élève jusqu'à la Divinité. La Religion nous montre cet ensemble, cet ordre, cette fin : aussi elle ne nous prescrit jamais aucun devoir social, aucune obligation réciproque, qu'elle ne nous montre le Prince, le pouvoir public, auquel, dans la société, se rapportent nos affections, nos habitudes, notre règle. De-là l'ordre sacré, et invariablement lié, de tous les préceptes qui caractérisent la Religion.

(13)

Le premier devoir regarde le père commun
de la nature, *Deum timete* (1) ; mais bientôt la
Religion nous rappelle le pouvoir paternel :
Honora patrem tuum (2), et par conséquent
l'ensemble de tous les pouvoirs de la famille
réunis dans la personne d'un seul : *Regem ho-
norificate* (3) ; car le pouvoir primitif des chefs
de famille est une sorte de royauté qui s'exerça
d'abord avec tous les caractères du pouvoir
public, et qui, restreinte par les lois, nous
fait mieux connoître cette puissance royale
qui gouverne les hommes et accomplit les
desseins de la Providence sur l'humanité.
Accord nécessaire des préceptes et des pensées
de la Religion avec les lois et les habitudes
de la société ; accord heureux qui subsistoit
déjà dans l'esprit et les idées de tous les Chrétiens, à cette époque même où des Princes,
étrangers à leur religion, ne soupçonnoient
pas encore ces sublimes pensées qui appeloient
aux pieds des Autels des hommes injustement
persécutés, et auxquels la Religion montroit
un appui et un Ministre de Dieu dans celui-
là même qui les faisoit mourir pour l'avoir
adoré ; accord admirable, qui faisoit voir,
dans le Monarque même païen, un interprète
des arrêts du Ciel ; dans ses ordres, la volonté

(1) I. Petr.
(2) Eph. 6.
(3) I. Pet. 1.

de Dieu même; dans son pouvoir, la garantie de l'ordre; et dans sa personne, l'image mortelle de l'Être immortel qui conserve le monde. C'est pour cela que toujours, et dans la prospérité et dans la souffrance, dans l'opulence et dans la pauvreté, la Religion nous enseigne à prier, à faire des bonnes œuvres, à intéresser le Ciel en faveur de celui qui nous commande; qu'elle lui donne les noms les plus chers, les titres les plus augustes; qu'elle place son nom auprès de ceux des chefs même de son sacerdoce; c'est pour cela que ceux qui appartiennent à la Religion, ont eu cette heureuse pensée qui avoit échappé aux sages de l'antiquité païenne, celle de graver sur les monnoies et le souvenir de Dieu et l'image de César.

Que de maux, Chrétiens, il en coûte aux peuples pour perdre de vue ces vérités si importantes! Loin de ces maximes tutélaires, il n'y a plus qu'incertitudes, qu'esprit de vertiges; et c'est Dieu même qui nous en avertit par l'organe des plus grands Prophètes et par l'enseignement de tous ses Ministres. En vain cherche-t-on la lumière, en vain se flatte-t-on de posséder la science nécessaire pour se gouverner, pour savoir où l'on va, ce que l'on devient, ce que l'on doit être : on marche au hasard; on ne sait à quelle idée fixer ses recherches, à quel plan s'arrêter, quel parti prendre : *Palpavimus sicut cœci parietem* (1). Enfin, après avoir passé par toutes sortes d'épreuves, après avoir marché d'erreurs en erreurs, d'excès en excès, on perd dé vue toute vérité ; on oublie les principes les plus certains, et jusqu'aux premières règles : *Corruit in plateâ veritas et æquitas non potuit ingredi* (2). Mais à quelle époque arrivent ces maux, ces erreurs ? C'est lorsque les hommes, fatigués du bonheur que leur avoit assuré leur respect pour la Providence et pour les Monarques qui en sont ici-bas les ministres, cherchent des nouveautés et des essais, et se livrent sur-tout à des études qui n'ont pas pour but de rendre l'homme meilleur : *Cogitationes inutiles* (3). C'est alors que, dans le tumulte de toutes les passions, dans l'agitation de tous les esprits, dans cette confusion universelle où personne n'est maître, parce que tout le monde est maître, pour me servir d'une expression du grand Bossuet ; c'est alors qu'on soupire après une autorité qui réunisse et toutes les opinions et tous les sentimens ; après un chef qui fasse taire tous les partis, qui efface toutes les réputations dont on pourroit se prévaloir encore pour troubler l'ordre et la loi ; qui réunisse en sa personne tout ce qui est vraiment

(1) Isaïe. 59.
(2) *Ibid.*
(3) *Ibid.*

puissance parmi les enfans des hommes, puissance de talent, puissance d'opinion, puissance
de renommée, puissance de pouvoir; un chef
dont personne n'ose jamais entreprendre d'é-
galer la gloire ou d'imiter le génie; ensorte
qu'en le voyant, tous les regards, tous les
esprits, et partant tous les cœurs se fixent
comme spontanément sur lui, le proclament
le vainqueur de tous ses rivaux, le dispen-
sateur et le garant de la prospérité publique;
en un mot, le maître de l'Etat, le père de la
patrie, l'arbitre de ses destinées, et l'un de ces
hommes extraordinaires créés par la divine
Providence, pour étonner et pour régir le
monde.

Sans ce maître nécessaire pour le salut des
Etats livrés à l'esprit de désordre, le mal s'ac-
croît sans cesse et devient sans remède. Les
iniquités des enfans de la terre montent jusqu'aux cieux. L'Eternel, du haut de son trône,
voit leurs disgraces, leurs douleurs; et ces
afflictions venoient de ce qu'il ne s'étoit trouvé
personne qui, dans ces temps d'erreurs, fût
l'instrument de la Providence, et mît un terme
aux malheurs publics: *Vidit* (Deus) *quia non
est vir* (1). Voilà donc, Chrétiens, et dans les
pensées de la Religion, et dans le langage
même de l'esprit de Dieu, voilà la véritable

____

(1) Isaïe. 59.

idée de cette solennité que nous célébrons, de ces événemens dont nous rappelons la mémoire, et qui ne se sont succédés les uns aux autres dans l'ordre marqué par la Providence, que pour nous faire mieux connoître celui qui devoit accomplir ses desseins. Voyez comment ce vainqueur marche avec vîtesse vers le terme que lui indique l'Eternel : rien ne l'arrête dans son vol rapide, ni les ennemis du dehors, ni ceux du dedans, ni les obstacles des passions, ni les préjugés encore en honneur, ni les préventions de quelques-uns contre le pouvoir suprême, ni l'éloignement d'un plus grand nombre pour les idées qui doivent élever l'homme jusqu'à la Divinité. Oh ! alors il se montre véritablement le ministre du Ciel, et, à l'exemple de celui dont il tient tout pouvoir, toujours il est prêt, toujours il est assez puissant pour punir ses ennemis : *Sicut ad vindictam quasi ad retributionem indignationis hostibus suis* (1); et, afin qu'il ne manque rien à sa destinée, si quelque peuple éloigné ne reconnoît pas en lui le ministre des volontés du Très-Haut; si quelque contrée, séparée par les mers et fière de son indépendance, méconnoît son pouvoir et se joue de ses menaces, il la traitera selon ses propres actions, il l'humiliera : *[...]ulis vicem reddet* (2).

(1) [...]

(1) [...]

Voilà, Chrétiens, ce qui appartient à la destinée du Monarque glorieux qui nous gouverne. C'est, précédé par les plus grands exploits, et environné par tous les présages de l'avenir, que nous l'avons vu s'avancer dans cette enceinte auguste et placer sur sa tête la couronne impériale. Quelques années se sont à peine écoulées, et quelles merveilles éclatantes ont été ajoutées aux anciennes merveilles ! Le Ciel s'est déclaré partout le protecteur, l'appui, le vengeur de celui qui avoit reçu ici l'onction sainte. Partout l'Empereur a triomphé des plus grands dangers, et s'est signalé par les plus brillantes victoires, même dans des conjonctures difficiles, où les plus grands capitaines se fussent estimés heureux d'acheter la paix par des retraites habiles, par des marches savantes dont l'histoire des temps anciens et modernes nous offre de beaux exemples, mais dont l'art étoit au-dessous du génie de celui qui ne devoit jamais connoître que la victoire.

Cette gloire, moissonnée au-dehors, devoit assurer la paix et forcer tous les peuples, toutes les puissances à rechercher l'amitié, l'appui d'un Monarque dont on ne pouvoit se montrer l'ennemi sans être menacé tout-à-coup d'une ruine prochaine. L'Empire Français, déjà pacifié depuis long-temps au-dedans, l'a donc été aussi au-dehors, et tous les arts de la paix que le Monarque avoit su encourager, même pendant la guerre, ont repris une nouvelle vie par le génie de celui dont la volonté ne resta jamais sans force et sans les résultats les plus importans. Partout des monumens publics s'élèvent; la France, déjà riche de tant de merveilles, s'énorgueillit encore d'une foule innombrable de monumens magnifiques ; les communications s'ouvrent entre toutes les parties de ce vaste Empire ; les montagnes s'affaissent pour livrer à l'industrie un passage facile, là où le génie de la guerre avoit triomphé des plus grands obstacles; ailleurs, des ondes, jusque-là inutiles ou inconnues, prennent un nouveau cours, et transportent, jusqu'à travers des rochers jadis inaccessibles, les produits utiles de la terre, les ouvrages des arts, les richesses du laboureur. Cette grande cité, centre de tant de merveilles, accoutumée à appeler dans son enceinte le génie, les talens, l'opulence, les beaux-arts, voit aussi arriver, et du Nord et du Midi, par une navigation facile, les objets nécessaires à la subsistance de ses habitans ; car il étoit bien juste que cette reine des cités modernes, l'honneur et la gloire de la monarchie française, fût aussi celle qui en recueillît sur-tout et les ressources et les richesses.

Mais, au milieu de tant de monumens utiles et glorieux, ne dois-je pas, ministre d'un Dieu qui sut compatir à toutes les infirmités humaines, ne dois-je pas vanter, avant tout, ceux qui ont pour objet le soulagement de l'humanité souffrante? La mendicité étoit un vice dans un Etat sagement administré, et un opprobre dans un Etat prospère; comment la faire disparoître sans en opprimer les tristes victimes? A la voix de notre illustre Monarque, la mendicité trouve et des asiles et des secours; ou plutôt, c'est parce que des asiles lui sont ouverts partout qu'elle cesse d'être mendicité. Hélas! ce ne sont pas là les seules plaies, les seules misères attachées à l'espèce humaine. Que de maux résultent de nos crimes, de nos imperfections, de la foiblesse de notre nature et du malheur de notre origine! L'Empereur les connoît; déjà depuis long-temps il a rétabli ces asiles augustes où des filles héroïques se dévouoient pour le salut de leurs frères; elles viennent à la voix du Monarque; elles oublient tous leurs malheurs passés, dès l'instant qu'elles peuvent réparer les malheurs des autres; leurs asiles sacrés se multiplient; elles s'y rendent avec un empressement pieux; la terre s'enrichit de nouvelles servantes du Seigneur; le Ciel compte encore ici-bas des Anges de bienfaisance et de nouvelles dispensatrices de ses bienfaits, et l'humanité peut encore une fois bénir et la Religion et le Trône! O! infortunés, qui peut-être aviez cru que vous étiez abandonnés de la nature entière, sachez apprécier maintenant ce que c'est que les grandes pensées du Christianisme unies à l'action d'un grand pouvoir ! Avant le règne glorieux de notre Monarque, et le rétablissement de l'ordre, on parloit de vos maux dans des écrits élégans, mais stériles, et aujourd'hui on y porte remède ; on s'attendrissoit sur votre sort, dans quelques discours et dans quelques livres, et aujourd'hui des héroïnes chrétiennes s'en occupent dans les hôpitaux. En un mot, vous aviez pour appui l'humanité, la tolérance; aujourd'hui vous avez la charité.

Celui qui, au milieu du tumulte des combats, parloit de la paix et du repos du monde, a créé aussi, après la victoire, les établissemens qui doivent assurer le règne de la vertu ; car c'est pour cela que la divine Providence accorde aux Princes et aux Nations le bonheur et la gloire. Les premiers fidèles, d'après les leçons du grand Apôtre, adressoient au Ciel des prières et des actions de graces pour les Rois et pour tous ceux qui occupent sur la terre un poste éminent ; c'étoit afin que l'on pût mener une vie paisible et tranquille dans la pratique de la piété et de la chasteté : *Ut quietam et tranquillam vitam agamus , in omni pietate et castitate* (1). Telles sont les pen-

____

(1) I. Tim. 2.

sées de la Religion, tels sont les devoirs imposés à tous les Chrétiens : pour eux la gloire du Monarque n'est qu'un encouragement à la pratique de toutes les vertus sociales et religieuses. Cependant ces encouragemens ont besoin quelquefois de grands exemples.

Déjà l'Empereur avoit placé sous la protection de son auguste Mère les filles saintes qui s'occupent du soulagement des misères humaines ; bientôt la Princesse adorée, qui naguère lui a été donnée pour épouse, a voulu soutenir et protéger ce qui, parmi les enfans des hommes, a le plus besoin de secours et d'appui, l'enfance et la maternité. O ! combien le rang suprême est à nos yeux tout à-la-fois imposant, cher et sacré, lorsque la jeunesse et la piété modeste en relèvent l'éclat ; lorsque les bienfaits en font remarquer le pouvoir; lorsque les vœux et les bénédictions de tout un peuple en attestent l'heureuse influence ! Elle est la protectrice des mères, cette auguste Marie-Louise qui, dans le rang où elle est née, n'a pu connoître les misères humaines. Puisse-t-elle donc être la plus heureuse des mères, comme elle est la plus heureuse et la plus illustre des épouses ! Puisse le gage qu'elle nous promet, nous être donné sans qu'il lui en coûte aucune de ces larmes qui, même sur le trône, annoncent notre foiblesse et notre néant ! Puisse l'enfant qu'elle porte dans ses entrailles, être environné, à son berceau, des plus heureux présages, et répondre à nos vœux comme à nos espérances ! Puisse-t-il, en conservant l'immense héritage de gloire et de puissance que la Providence lui réserve, perpétuer pour notre nation les plus beaux souvenirs ; pour la Religion, ses premiers bienfaits ; pour la patrie, ses plus fermes appuis ; pour la société, ses plus beaux exemples ! Nos temples retentissent de prières et de cantiques pour l'heureuse délivrance de l'Impératrice ; nous appelons, nous invoquons toutes les bénédictions du Ciel sur l'auguste mère qui va ajouter ce nouveau titre à ceux qui l'ont déjà devancée et accompagnée parmi nous. Puissent tant de vœux, tant de présages se réaliser pour elle, pour l'époux glorieux auquel elle est unie, pour son enfant, pour nous-mêmes ; et que le Ciel, après nous avoir accordé sur la terre la prospérité à laquelle nous devons prétendre, nous accorde après cette vie celle que nous devons apprendre à mériter !

FIN.

BIBLIOTHÈQUE ROYALE